INVERTIR EN BIENES RAÍCES

CÓMO DUPLICAR EL VALOR DE TU CASA - ¡CON POCO, O INCLUSO CON NADA DE DINERO!

GERALD R WALTON

LA PROPIEDAD LITERARIA

. . .

. . .

INTRODUCCIÓN

El incremento del valor de tu casa debería estar en el radar de cualquier inversor inmobiliario. No importa si es tu residencia principal, o una casa que has comprado para invertir, o sigues el cada vez más popular ritmo de vida de "vivir y invertir" - es algo que no hay que pensar, y un componente esencial para construir una enorme riqueza para ti y tu familia.

El americano promedio actualmente gasta el 33% de sus ingresos en gastos de vivienda. Por lo tanto, al tomar decisiones inteligentes con respecto a los bienes raíces, puedes reducir ese número a la mitad. Significa dinero de verdad en tu bolsillo, no pequeñas ganancias por ahorrarte ir a Starbucks o por hacer tu propio almuerzo.

Atrás quedaron los días en que la gente compraba una casa a los 22 años y procedía a vivir en ella toda su vida. Ahora más que nunca, el precio de reventa debería estar presente en tu mente cuando se trata de llevar a cabo renovaciones en la casa.

Pero, en realidad es difícil saber qué renovaciones valen la pena. ¿Recuperarás tu dinero?

Sin embargo, lo que el 90% de los inversores inmobiliarios aficionados no saben es que hay un montón de formas de aumentar el valor de su casa por poco dinero, ¡o incluso GRATIS!

Es conveniente hacerlo bien cuando se trata de renovaciones. Así que, antes de pintar la sala de estar de color rosa, gastar 10 grandes en un nuevo baño de vapor, o gastar 5.000 dólares en una remodelación completa del jardín - echa un vistazo a estos consejos prácticos.

Además de la renovación, cuando llegue el momento de vender tu casa, hay una serie de pasos que puedes seguir para darte una gran ventaja y maximizar tus ganancias, ¡incluso en un mal mercado!

Espero que aprendas mucho de este libro, y espero que ganes mucho dinero con los bienes raíces en el futuro.

26 maneras de aumentar el precio de venta final por poco o ningún dinero.

Usa estos consejos de bajo costo, e incluso gratuitos, para añadir cantidades significativas al precio de venta final de tu casa.

Limpieza exterior

Los estudios han demostrado que la basura en el exterior puede reducir el valor de tu casa hasta en un 12%.

Esto demuestra que hasta algo pequeño, y técnicamente fuera de tu control, puede afectar negativamente a tu casa de una manera enorme.

Ordenar el jardín

Ya has arreglado el frente, ahora es el momento de ocuparse de la parte de atrás. Agarra esas hierbas y sácalas de ahí lo antes posible. Enciende la cortadora de setos y mantén todo limpio y ordenado. Hasta un pote de brezo de 2 dólares en la puerta de entrada puede dar un cálido y acogedor atractivo a cualquier huésped o espectador en casa.

Deshazte del nuevo pomo de la puerta

Nunca tienes una segunda oportunidad de dar una primera impresión, y eso no es menos cierto que en la compra y venta de casas. Seguramente tu "amor por los gatos o las calabazas" está completamente justificado, pero recuerda que no todos comparten los mismos gustos. La neutralidad puede ser aburrida, pero recuerda que tu puerta, tu buzón y tu casillero son las primeras cosas que la gente ve cuando viene a ver tu casa.

Los propietarios han informado de un aumento de hasta el 5% en la oferta justo después de cambiar su pomo de puerta novedoso o uno más tradicional.

Lo mismo ocurre si se tiene que usar una gran y poco atractiva puerta de acero. Puedes agregar fácilmente la veta de la madera para que se vea mejor, y si buscas una opción más barata - solo píntala.

Consigue algunos números de casa de acero inoxidable nuevos también, a solo 5-10 dólares cada uno, bien vale la pena la inversión.

El nuevo tapete también puede decir: "Welcome, bitches" y "Owner is shady, dogs are cool" puede que no sea del gusto de todos...

Actualiza tus lámparas

Otra mejora bastante barata es la iluminación mejorada, especialmente para tu cocina. Deshazte de las aburridas luces empotradas en la cocina y opta por una lámpara de araña barata pero de buen aspecto. Puedes conseguir algunos diseños tradicionales y modernos por tan solo 100 dólares en línea.

Pinta tu camino hacia las ganancias

Un galón de pintura de buena calidad cuesta alrededor de 25 dólares en promedio. Una vez más, los colores neutros son los que mejor funcionan y tienen el mayor atractivo, así que tal vez mantengas los verdes militares y los rosas algodón de azúcar en el estante para otro día.

Si vas a elegir solo una habitación para pintar, hazlo en la cocina o en la sala de estar - ya que estas tienen un mayor atractivo de "primera impresión" que el dormitorio principal.

Algo que hay que tener en cuenta sobre los colores de la cocina es que el blanco no funciona. Los expertos en diseño de Zillow Digs encontraron que las casas con todas las "cocinas" blancas se vendían por 1.400 dólares menos que las equivalentes con cocinas de tonos más tenues.

Si tu presupuesto te lo permite, vuelve a pintarlas. Solo una pintura externa anticuada dice "podría pedirle una rebaja a estos tipos". Así que si tu casa se ve descolorida, pintarla es una gran manera de elevar su valor a donde debería estar. Recuerda mantener los colores consistentes con el resto de tu vecindario - nadie quiere vivir en "la casa rosa".

Consejo profesional: Si vas a Home Depot, Lowes, Ace Hardware o a cualquier otra gran tienda de mejoras para el hogar, a menudo puedes encontrar envases de pintura casi llenos con un descuento de hasta el 50%. Esto se conoce como la pintura "oops", donde los compradores han devuelto el envase después de darse cuenta de que no les gustaba el color. La mejor parte es que a menudo se pueden encontrar en múltiples envases, así que si tienes un trabajo de pintura grande, puedes ahorrar cientos de dólares de esta manera.

Techos de gotelé

¿Recuerdas cuando había techos de gotelé? Yo tampoco, pero muchas casas todavía los tienen. Si la tuya sufre de esta desafortunada aflicción, deshazte de ellas lo antes posible.

Aunque este proceso es bastante laborioso, también es extremadamente barato para resolverlo por sí mismo. Asegúrate de tapar completamente todos los muebles antes de empezar.

≈≋

Poner una piscina reducirá el valor de tu casa

A todo el mundo le gusta una piscina, ¿verdad? Incorrecto.

A las personas con casas que no necesitan mantenimiento no les gusta la molestia de tener que mantener una piscina todo el año, especialmente en áreas donde no se puede usar durante los 12 meses.

Si está roto, definitivamente hay que arreglarla.

Te sorprendería saber lo mucho que las renovaciones estéticas menores (y baratas) pueden tener un efecto general positivo en el valor de tu casa. Arreglar las tejas rotas y limpiar los canalones son solo dos de las muchas cosas que puedes hacer en medio día y que pueden fácilmente aumentar el valor de la casa en un 1 o 2%. Recuerda, bordes menores como este son lo que distingue a los profesionales de los aficionados en el mercado inmobiliario.

Instalar una nueva ducha

¿Recuerdas la experiencia del hotel de 5 estrellas que quieres proporcionar? Bien, todos los hoteles de 5 estrellas tienen grandes duchas, y particularmente, caídas de agua geniales. Este es un trabajo simple que puede hacer usted mismo y a menudo no implica nada más que usar unos alicates o una llave inglesa para quitar la ducha vieja y luego repetir el proceso a la inversa para una nueva.

Aunque los modelos de lujo pueden costar más de $1,000, puedes conseguir buenos cabezales de ducha estilo lluvia de gama media por tan solo $200 en Home Depot.

Los dormitorios aportan beneficios

Convertir un dormitorio en un gimnasio, estudio o bodega puede ser atractivo para algunos, pero para la mayoría de los compradores, cuantos más dormitorios mejor.

. . .

Esto se duplica cuando se empiezan a instalar artículos semi-permanentes tales como refrigeradores y estanterías especializadas que el nuevo propietario tendrá que gastar dinero para destripar y deshacerse de ellas. Así que si vas a convertir uno, con vistas a mudarte en unos pocos años, asegúrate de que las características sean fáciles de devolver a su estado natural.

Entonces recuerda esto, si tienes una casa de tres habitaciones con un estudio, la única razón por la que el estudio no puede ser considerado como una habitación puede ser porque no tiene un armario. Si le agregas un armario a esa habitación, ahora tienes una casa de cuatro dormitorios, es así de simple.

Por el precio de un armario de Ikea, puedes tener un dormitorio extra en tu casa.

Los garajes son para coches

Continuando con el punto de transformación del dormitorio. Los garajes convertidos en salas de juego o gimnasios caseros son mucho menos valiosos para un garaje que para su función prevista:

guardar coches. Los compradores quieren mantener sus coches fuera de la lluvia y la nieve y tener un espacio para almacenar todo su equipo de exteriores.

Nota para mis lectores del Reino Unido: Lo contrario es cierto al otro lado del charco. Con el incremento de los aparcamientos fuera de la calle con entradas más grandes, el 90% de los garajes británicos no contienen un coche - por lo que quitar el garaje y añadir espacio vital extra puede muy bien valer la pena. Cuesta alrededor de 10.000 libras esterlinas retirar el garaje y se puede calcular el retorno aproximado de la inversión multiplicando los metros cuadrados ganados por el precio local por pie cuadrado.

Pregúntale a tu agente inmobiliario

Un área que a menudo se pasa por alto - nadie hace esto, y realmente no sé por qué. Simplemente pregúntale a tu agente inmobiliario qué tipo de características busca la gente cuando compra una casa en tu zona, y luego añádelas. De esta manera no tienes que intentar predecir lo que le va a gustar a la gente, y lo que es más importante, no tendrás que confiar en tu propia imaginación.

*E*quipa tu cocina

Absolutamente puedes hacer esto a bajo costo, así que no necesitas ir a buscar el catálogo de mármol a corto plazo. Hasta las mejoras estéticas básicas como el reemplazo de los grifos, las manijas de las puertas de los gabinetes y las lámparas pueden tener un efecto dramáticamente positivo.

Si no puedes permitirte el lujo de reemplazar las cosas, solo dales una mano de pintura, incluso esto le da un impulso extra a tu cocina.

. . .

La cocina sigue siendo el corazón y el alma del hogar. En ella se reúne todo el mundo en las fiestas y es donde la mayor parte del tiempo "fortuito" de la familia (que la gente valora más) se produce - y lo más importante, es donde los compradores y los agentes de bienes raíces hacen una línea de salida para las casas que saben que van a tener un alto precio.

Pequeños arreglos como bombillas de bajo consumo, un bonito centro de mesa floral para una visita puede realmente poner de buen humor a un comprador potencial, y aumentar el valor propio percibido de la casa.

Tener electrodomésticos cohesivos es otro estimulante de valor.

Puede que hayas leído el punto de la viñeta del lavavajillas en la descripción de este libro. Bueno, aquí está el secreto revelado por un representante de servicio al cliente de un importante fabricante.

. . .

Muchos paneles del lavavajillas son blancos por un lado y negros por el otro. Así que si el tuyo no coincide, ¡puedes darle la vuelta para que lo haga!

Todo lo que tienes que hacer es destornillar dos tornillos, deslizar el panel y darle la vuelta. Por supuesto, tienes un panel negro (o blanco) que hace juego con tus otros electrodomésticos.

(No) Mirar hacia abajo

Odio tener que decírtelo, pero tu piso probablemente esté asqueroso. Especialmente si tiene más de 10 años. La vieja y desaliñada alfombra no le hace ningún favor a nadie. Es más, el suelo es una de las primeras cosas que los compradores notan cuando entran en una propiedad.

No es un caso de madera dura vs. alfombra - es un caso de limpio y nuevo vs. sucio y viejo. No importa qué tipo de suelo tengas, debes asegurarte de que está limpio. Si te sobran unos pocos cientos de dólares, te recomendaría que un profesional limpiara tu alfombra a fondo.

. . .

Reemplazar la alfombra suele ser una mala inversión ya que es una de las primeras mejoras que hacen los compradores al comprar una casa. La limpieza te da mucho más beneficio por tu dinero.

Electrodomésticos de energía eficiente

Los compradores están siempre buscando formas de ahorrar dinero en sus futuras compras, y los electrodomésticos de bajo consumo son una gran manera de hacerlo. Pero el truco para comprar estos electrodomésticos (esto es especialmente cierto si vives en la casa que estás planeando vender) es comprar nuevos electrodomésticos antes de que los viejos se rompan.

En realidad, hay meses mejores para comprar electrodomésticos también. Septiembre y octubre son generalmente cuando los fabricantes lanzan los últimos modelos, así que es cuando los modelos viejos serán descartados para poder sacarlos de la tienda o del almacén para hacer espacio para los nuevos.

. . .

Si quieres doblar el precio y esperar a un acuerdo potencialmente letal, enero puede ser tu mejor opción. Incluso algunos de los modelos más antiguos estarán agotados para esta fecha, los que queden serán aún más descartados.

Hay algunas excepciones a esta regla, ya que mayo es el mejor momento para conseguir una ganga con los refrigeradores. Los fabricantes quieren sacar los nuevos modelos antes del verano.

¿Puedes adivinar en qué momento los aires acondicionados están más baratos? Así es, entre octubre y febrero cuando la demanda de ellos está en su punto más bajo.

Si estás buscando un electrodoméstico de segunda mano, puedes conseguir una oferta aún mejor. Los electrodomésticos son similares a los coches en que pierden aproximadamente el 50% de su valor tan pronto como salen de la tienda. Por lo que puedes obtener algunas ofertas increíbles en artículos apenas usados, de primera línea si revisas sitios como Craigslist. Revisa tu centro de restauración local también.

. . .

Características de seguridad

Si estás en una zona habitada por parejas y familias jóvenes, las características de seguridad son especialmente importantes. La seguridad de los niños es la principal preocupación de los padres. El tener sistemas de seguridad básicos instalados en su casa es una forma fácil de subir el precio de venta final.

En el extremo inferior de las cosas, las persianas de su ventana bien podrían valer la pena.

Paradójicamente, la industria de las alarmas ha estado llena de personajes incompletos que venden por miedo o se aprovechan de los ancianos. A menudo es difícil decidir exactamente cuánto debes gastar en la instalación de la alarma. Por suerte, desde el auge de Internet y la disponibilidad de buena información, nunca ha sido más fácil instalar tu propio dispositivo.

Los sistemas incorporados en los teléfonos inteligentes son cada vez más comunes en estos días, y es recomendable que busques uno con estas características si planeas vender tu casa en el futuro cercano.

. . .

Evita los sistemas con un costo inicial de instalación extremadamente bajo que luego se destruye por las altas tarifas de monitoreo mensual. Por solo unos pocos cientos de dólares puedes obtener una configuración completa, con cero cuotas mensuales.

Los sistemas inalámbricos tienen un valor de reventa mucho mayor, porque la falta de cableado es una cosa menos con la que tiene que lidiar un nuevo propietario.

Además, no es poco frecuente que los hogares tengan cámaras de CCTV en estos días - y son mucho más baratas de lo que piensas. Puedes instalar una cámara tú mismo por tan solo 100 dólares y esto podría aumentar el valor total de tu casa hasta un 5%.

Una advertencia, en algunos estados es ilegal que tu cámara grabe una parte de la propiedad de otra persona. Revisa los ángulos de la cámara antes de finalizar la instalación, y considera informar a tus vecinos de tu plan de instalar cámaras. Al fin y al cabo, tu vecino es alguien con quien siempre quieres mantener una relación positiva.

Tu fregadero es el electrodoméstico más importante

Así es, no es tu estufa, no es tu lavavajillas, es tu fregadero. Si tienes el dinero extra, instala un fregadero de granja. Un estudio del servicio de evaluación de casas Zillow encontró que las casas que tienen un fregadero de granja se venden por un 8% más que su valor y 53 días antes que otras casas similares que tienen fregaderos normales. Tampoco tienen que costar mucho, por menos de 200 dólares puedes instalar uno tú mismo, manteniendo tu instalación de fontanería actual.

La pregunta del millón de dólares sobre la valla

¿Qué tipo de valla deberías tener? ¿Una valla blanca? ¿Suficientemente alta para mantener las miradas indiscretas? La única respuesta correcta es una recién pintada. Consigue 10 litros de pintura para vallas por 50 dólares y vete a la ciudad. Una valla recién pintada da la sensación de que tu casa está muy bien mantenida por lo que es una cosa menos por la que debería preocuparse un comprador potencial.

Contrata a un equipo de limpieza profesional

Este puede ser el mayor consejo de todo el libro. Si solo tienes unos pocos cientos de dólares para gastar en renovaciones, el mejor uso de tu dinero es contratar un equipo de limpieza completo y dejarlos sueltos en tu casa. Asegúrate de que todo esté cubierto, tener una casa impecable dará a los visitantes una impresión de calma y relajación.

Las personas son seres visuales, y quieren visualizar cómo será su casa ideal, y créanme, ninguna casa ideal tiene encimeras o alfombras sucias. Presentando una imagen que les agrade, querrán gastar más dinero en su potencial nuevo hogar.

*E*l truco del "curb appeal" de los 75 dólares

El "Curb appeal" es una de esas cosas de las que habla todo agente inmobiliario. Es fundamental que te asegures de que tu casa dé una buena primera impresión. Un área que a menudo se pasa por alto es tu entrada. Afortunadamente, puedes alquilar una hidrolimpiadora desde tan solo $75 al día y hacer que tu entrada se vea como nueva. Vuélvete loco con esa cosa y limpia tus aceras (y las de tu vecino), la cubierta exterior y el "revestimiento exterior". Como ventaja adicional, las lavadoras eléctricas son increíblemente divertidas de usar, y probablemente el armario que alguna vez llegarás a sentir como Sylvester Stallone en Rambo.

. . .

Aprovechando el lucrativo mercado chino de compradores de casas

La inversión de las propiedades chinas en el extranjero se ha multiplicado por 20 en los últimos 10 años. Se prevé que los ciudadanos chinos gastarán más de 20.000 millones de dólares en propiedades solo en 2017, y si vives en una zona particularmente próspera (especialmente en la costa oeste), puedes formar parte de su mercado objetivo. Pero lo que tal vez no sepas de los chinos es que no usan papel higiénico en sus baños. En cambio, tienen un bidé (o bum-gun para aquellos de ustedes en una terminología menos formal).

Lo que puede sorprenderte es que instalar uno de estos no requiere de plomería adicional, sino que te ahorrará dinero en papel higiénico que se pagará solo en un año. Y, tiene un enorme atractivo cuando se vende a cualquier porción del mercado asiático, pero especialmente a los chinos - a quienes les gusta sentirse como en casa tan pronto como entran en una casa.

. . .

La reparación rápida de un dólar garantiza que cientos de personas regresen a cambio

Los enchufes se ensucian muy rápido, especialmente los blancos. Pero puedes comprar nuevas placas de salida por $1 cada una, bam - placas de salida nuevas que le dan a tu casa ese toque extra de limpieza. Incluso puedes hacer un esfuerzo extra y pintarlos del mismo color que las paredes.

Un punto adicional a destacar en esto es la importancia de la consistencia. No solo reemplaces uno o dos enchufes, reemplázalos todos. A la gente le gusta la consistencia y la regularidad. Cosas que un enchufe de un color extraño puede despistar a los compradores sin que ellos se den cuenta.

Deshazte de las fotos familiares

El viejo adagio de marketing "nadie se preocupa por ti, solo se preocupan por ellos mismos" suena verdadero aquí. La gente quiere imaginarse a sí misma en su nuevo hogar potencial, que también resulta ser tu hogar actual. Es difícil si hay 50 fotos de ti, tus hijos, tus hijos y la tía Marge, tus hijos y la tía Marge y su hurón mascota Rollie, etc.

Aquí es donde entra el concepto de despersonalización. Si algo tienen en común los hoteles de 5 estrellas es que no son personales. Son un espacio relajante, incluso algo neutral - un lienzo en blanco si se quiere. ¿Cómo se relaciona esto con tu casa? Bueno, unas pocas fotos familiares aquí y allá son perfectamente aceptables, pero trata de mantenerlas en marcos de fotos de pie en lugar de amurallados. Su aspecto ideal sería una suite de hotel de lujo en lugar de la casa de alguien. Recuerda, nadie quiere entrar en una habitación de hotel que la criada no haya limpiado todavía. Como efecto secundario, te vas a mudar de todos modos, así que ¿por qué no empezar el proceso de empaque antes y ahorrarte un dolor de cabeza en el futuro?

Despejar, despejar, despejar

Este consejo obvio es a menudo pasado por alto por aquellos que creen que su casa no está realmente abarrotada. Tener un exceso de cosas tiradas por ahí hace que su casa parezca más pequeña de lo que es en realidad, mientras que simultáneamente da la

impresión de una falta de espacio de almace-
namiento.

Incluso si no quieres deshacerte de algunas cosas, al
menos ponlas en el ático o en el garaje.

Los espejos estratégicamente colocados

En lugar de construir un tragaluz o un invernadero,
añade unos cuantos espejos para dar la impresión de
luz extra. Para un mayor impacto, colócalos frente a
una ventana, lo que da la impresión de que en
realidad hay dos ventanas.

**Cómo ahorrar miles de dólares al contratar
contratistas**

No hace falta estresarse, conseguir el contratista
adecuado (especialmente para un trabajo más
grande) puede ahorrarte dinero, tiempo y posibles
dolores de cabeza.

. . .

La regla número uno para contratar contratistas es obtener múltiples ofertas para cada trabajo - por lo menos 3. Si tu techo necesita ser reemplazado, consigue 3 techadores para que vengan a verlo. Igualmente, si toda tu casa necesita ser recableada, consigue 3 electricistas.

Estas 3 ofertas te darán 3 respuestas diferentes acerca de tus necesidades, también puedes hacerles saber (cortésmente) que hay otros contratistas que están mirando el trabajo, así que si son serios, estarán dispuestos a ir más allá por ti.

GUÍA ESPECIAL PARA LA ORGANIZACIÓN DE TU CASA

¿Sabías que solo el 10-15% de los compradores pueden visualizar tu casa de forma diferente a como se ve cuando entran por la puerta? Por lo tanto, es importante brindarles tanto espacio para la imaginación como sea posible, y la mayor parte de esto gira en torno a mantener su casa limpia y eliminar el desorden - aquí hay una guía práctica para organizar tu casa habitación por habitación para que los compradores potenciales puedan sacar el máximo provecho de su visión.

. . .

La Cocina:

- Retira todos los aparatos y limpia los mostradores. Los mostradores deben estar completamente despejados de cualquier artículo no necesario.
- Limpia todos los electrodomésticos. Si realmente parecen anticuados, investiga el costo de los nuevos, ya que puedes recuperar el dinero, especialmente los de la encimera.
- Limpia los platos. Es el momento perfecto para deshacerse de las cosas que ya no quieres, después de todo te mudarás de todas formas. ¿Realmente necesitas la taza de café del "mejor padre del mundo" o el Tupperware que "ya no tiene tapa"? Dona cualquier cosa que ya no necesites a la caridad. Una vez que lo hayas hecho puedes empacar todos los platos restantes en preparación para tu mudanza. Todo lo que necesitas dejar es un juego de platos iguales en el armario, solo para que el comprador pueda ver que alguien vive allí en este momento y no está visitando una casa de exhibición. Tiene la ventaja adicional de hacer que el espacio del

armario parezca más espacioso cuando los compradores abran y echen un vistazo.

- Todos los compradores abrirán tu nevera (no sé por qué - simplemente lo harán), así que asegúrate de limpiarla y por supuesto de tirar cualquier exceso de comida. Lo ideal es programar la apertura de la casa para cuando te estés quedando sin suministros, porque esto permitirá que tu nevera tenga naturalmente menos artículos.

- Lo mismo ocurre con la despensa, una vez más dona cualquier artículo que no necesites y deja una fila de artículos bien organizados. ¡Esto es para demostrar lo espacioso que es tu armario y tu despensa!

- Cuando hayas desclasificado y tirado con éxito lo que hay que tirar, puedes empezar el proceso de montaje. Esto comienza con un bonito centro de mesa en el mostrador. Puede ser una planta de tamaño decente (como una orquídea) o un gran tazón de naranjas o limones (opta por la de verdad). Asegúrate de poner también la mesa del comedor, no olvides las velas sin encender.

- Si no tienes tiempo para hacer galletas, compra algunos productos horneados para la jornada de apertura de la casa. Tampoco olvides el difusor de aceites esenciales, te explicaré por qué más adelante en el libro.

La sala de estar:

- Retira la mayoría de los artículos de la repisa de la chimenea o de otras áreas de la estantería. Puedes dejar una o dos fotos familiares, pero la mayoría pueden ser empacadas listas para tu mudanza.
- Deshazte también de las obras de arte de los niños. Estoy seguro de que son muy talentosos, pero puedes guardar eso para tu nuevo hogar.
- Cuelga las obras de arte genéricas si tienes alguna, si no, asegúrate de que las paredes estén limpias.
- Si la habitación debe ser pintada, píntala, como dije antes, es una de las formas más baratas de maximizar tu precio de venta final.
- Repara cualquier interruptor de luz, barras de cortina sueltas, etc. Si es necesario arreglarlo, hazlo ahora. Tendrás que arreglarlo de todas formas, así que

antes de que alguien mire en tu casa es el mejor momento.

- Asegúrate de que todos los zócalos y enchufes estén limpios también.

- Deshazte de cualquier revista o periódico viejo sobre la mesa.

- Si tienes muebles extra en tu habitación, ponlos en el depósito. Pregúntale a tu agente inmobiliario si realmente no puedes decidir, ellos podrán hacer un juicio informado sobre lo que a los compradores les gustará y no les gustará ver. Vale la pena el gasto extra porque los compradores potenciales van a ver tu garaje y tu habitación extra, así que también querrás mantenerlos limpios.

- Sigue con un tema en toda tu casa. No necesitas una cocina de inspiración asiática junto a tu sala de estar post-industrial, por ejemplo. Tu casa debe tener un aspecto coherente y unificado. Además, esto también te ayuda a deshacerte de muchas cosas

- Pon un jarrón de flores en la sala de estar el día de apertura de la casa. Puedes poner algo de comida para picar aquí también, pero personalmente creo que la cocina es siempre el mejor lugar para la comida en el día de la apertura.

LOS BAÑO

*E*l/los baño(s):

- Saca el bolso de viaje de artículos de tocador, porque estarás viviendo de esto mientras tu casa está en el mercado. Tu baño tiene que estar impecable durante las próximas semanas.
- Quita todos los frascos y botellas de cualquier soporte de baño y dentro de la misma ducha. No olvides tampoco los botiquines (los espectadores en casa los mirarán)
- También repinta el baño, es un fácil retorno de la inversión.
- ¿Tienes puertas de ducha deslizantes?

¿Están pegadas? Si es así, reemplaza los rodillos, y los hará ver como nuevos otra vez.

- Arregla cualquier fuga en los grifos
- Consigue un nuevo juego de toallas blancas para cuando muestres la casa, haz que tu baño parezca el de un hotel.
- Coloca una sola flor en la encimera del baño, algo que atraiga los ojos de los espectadores cuando entren en la habitación.

LOS DORMITORIOS

Los dormitorios:

- Retira todos los artículos personales de los aparadores y mesas de noche, con la excepción de un libro que no sea controversial.
- Empaca cualquier exceso de ropa de tu armario. Si realmente no las necesitas, es hora de tirarlas. Dobla el resto de tu ropa ordenadamente, como si estuvieras manejando una tienda de ropa. Recuerda, cuanto más vacío esté tu armario mejor, dale al comprador tanto espacio potencial como sea posible.

- Invierte en nuevas sábanas, recuerda que puedes llevarlas contigo y hará que la cama se vea mucho más agradable para cualquier posible comprador. Recuerda - haz que se sienta como una habitación de hotel
- Una vez más, ¿hay que cambiar las cortinas, hay que limpiar la alfombra?
- Asegúrate que tus ventanas estén limpias, por dentro y por fuera.
- Puedes tener una o dos fotos familiares pero cualquier otra cosa será una exageración.
- Si tienes un dormitorio adicional que estás usando como almacén, ahora es el momento de convertirlo de nuevo en un dormitorio. Si estuvieras dirigiendo un hotel, no tendrías uno de los dormitorios de invitados como trastero, no hagas lo mismo en tu casa.

EXTERIORES

Exteriores:

- Ya hemos cubierto esto de alguna manera pero debería ser reiterado de todos modos.
- No descuides el exterior de tu casa, nunca tendrás una segunda oportunidad para causar una buena primera impresión.
- Asegúrate de que la puerta de entrada tenga una capa de pintura fresca y que tanto la luz del porche como el timbre funcionen bien. No querrás dejar a los potenciales compradores esperando afuera, ¿verdad?

- Añade unos cuantos toques de color al patio, y quita las plantas muertas y asegúrate de cortar el césped.
- Si tienes un patio o una mesa de comedor al aire libre, pon algunas copas de vino en ella, o si es invierno y tienes una chimenea, enciéndela.

Comprobaciones finales:

Toma una foto de cada habitación, si hay algo fuera de lugar o alguna mancha que no hayas notado. Si no es así, entonces puedes relajarte, tal vez incluso tomarte una copa de vino. La parte difícil de terminar, ahora solo tienes que dejar que tu agente inmobiliario haga su trabajo y tus renovaciones se pagarán por sí solas en tu precio de venta final.

Consejo de puesta en escena de bonificación:

Crea una nota de bienvenida para tus compradores, presentándoles el vecindario. Muchos compradores serán locales, por lo que ya conocerán gran parte de la información, pero es útil para cualquier comprador de fuera de la ciudad que pueda estar mirando la propiedad. Puedes agregar cosas útiles como atracciones locales e intereses de nicho que pueden ser de utilidad para un comprador potencial.

EL FACTOR MÁS IMPORTANTE QUE SE PASA POR ALTO EN LA VENTA DE UNA CASA

❧

*E*L FACTOR MÁS IMPORTANTE QUE SE PASA POR ALTO EN LA VENTA DE UNA CASA

El olfato es el sentido humano más poderoso en términos de capacidad de memorización. Por eso ciertos alimentos siempre nos recuerdan nuestra infancia o ciertos eventos de nuestra vida.

Desafortunadamente, los olores negativos tienen un efecto aún mayor que los positivos. El 41 por ciento de los profesionales de la inmobiliaria han catalogado los "malos olores" como parte de sus errores más caros a la hora de vender una casa.

. . .

Los olores a moho le dan a los compradores la noticia de que puede haber un problema funda-mental de moho en la casa. Tanto la alfombra húmeda como las baldosas del techo húmedo son signos reveladores de esto. Mientras que sin duda es necesario consultar a un profesional si tienes un problema importante de moho, los problemas más pequeños pueden ser tratados por ti mismo. Un deshumidificador de 200 dólares, por ejemplo, puede ventilar cualquier parte húmeda de tu casa.

Si tu jornada de apertura es un sábado, no cocines un curry o peor aún, una fritura de pescado el viernes por la noche. Ciertos alimentos y especias pueden tener un olor persistente. Si es necesario, hornea una barra de pan por la mañana, y deja algunas galletas fuera si tienes una jornada de apertura.

LOS MEJORES ALIMENTOS PARA UNA JORNADA DE APERTURA

❦

Los mejores alimentos para una jornada de apertura

¿Seguramente la comida que pones para una casa en venta no tiene tanto efecto? Piénsalo de nuevo.

Imágenes, olores y sabores... has cubierto 3 sentidos con la comida que estás sirviendo. Esto tiene un efecto psicológico mucho más grande de lo que piensas.

La comida para degustar está a la orden del día aquí. Después de todo, no estás dirigiendo un comedor de beneficencia. Quieres algo que se vea bien en una mesa, la gente puede tomar 1 o 2 sin sentir un gran compromiso (¿quién quiere comerse un tazón entero de chile?) e idealmente uno o dos artículos que llenen toda la casa con un cálido aroma para saludar a cualquier comprador.

Tampoco te pases de la raya en el reparto, no necesitas proporcionar un buffet completo para todo el vecindario.

Colocación de la comida

Si se está a gusto afuera, pon la comida en el patio o en la terraza. De esa manera tienen que atravesar la casa (y especialmente la cocina) para conseguirla. Esto también disuade a los vecinos ruidosos y a los tipos de comida gratis (piensa en el personaje de Jason Seigel en I Love You, Man)

Galletas con chispas de chocolate

El rey indiscutible de los alimentos en los eventos de apertura. Llenan tu cocina con un aroma irresistible que ningún simple mortal puede resistir. A todo el mundo le encantan las galletas y da una muy buena vibración de "bienvenido a tu nuevo hogar".

Limonada

Verano y limonada, ¿hay una mejor combinación?

Nota, si es invierno, tal vez deberías reconsiderar la limonada y optar por el chocolate caliente. Recuerda, ¡las casas no siempre se venden mejor en verano!

Agua

Este es obvio, pero tener un bote de agua fuera es útil, especialmente si el clima es cálido. Esto es beneficioso si los compradores vienen con niños también, minimizar cualquier perturbación causada por niños es la clave para una casa accesible y sin problemas.

Verduras y salsa

. . .

Es como las patatas fritas y la salsa pero sin las migajas. Además, la variedad de colores añade un toque extra de glamour a la zona.

Caramelos envueltos en miniatura

Fácil, no requiere limpieza, y como las galletas son irresistibles para llevar 1 o 2. Si estás absolutamente dentro del presupuesto - solo pon un tazón de estos y estarás listo para empezar.

❧

RENOVACIONES QUE DISMINUYEN EL VALOR DE TU CASA

La economía de la "adición de valor"

Una de las áreas más confusas cuando se hacen renovaciones importantes, es que la gente se centra demasiado en una cifra en dólares o en un porcentaje de aumento de valor cuando se analiza qué área hay que mejorar

Por ejemplo, en la fase de investigación de este libro, me encontré con varios sitios web que indicaban que añadir un baño adicional era una de las grandes mejoras que se podían hacer en el hogar. Estos sitios citaban datos de que el baño adicional podría aumentar el valor de tu casa hasta un 10%.

Lo que no tienen en cuenta es el costo de implementar estas nuevas habitaciones, que en el nivel medio a menudo puede ser más del doble de la cantidad que recibes a cambio. Por ejemplo, si tienes una casa de 250.000 dólares y añades un baño para tratar de aumentar el valor en 25.000 dólares, lo que no sabes es que la instalación del nuevo baño va a costar un mínimo de 40.000 dólares, y a menudo mucho más. Con un retorno de la inversión de menos del 60%, no es una buena inversión en absoluto si estás buscando vender.

Añadir un baño extra - los números

Según la última encuesta de la revista Remodelling en 2017, añadir un baño extra cuesta un promedio de 43.232 dólares y solo tiene un retorno de la inversión del 53,9%.

¿Estás cansado de esperar a que tu esposa (o esposo) salga de la ducha? ¡Simplemente añade una nueva!

¡No tan rápido si quieres obtener un retorno de la inversión decente! Los estudios muestran que esta es estadísticamente la peor inversión que puedes hacer en términos de mejoras en el hogar.

Incluso los baños de lujo, que cuestan un promedio de poco más de 70.000 dólares, solo representan un retorno de la inversión ligeramente mejor del 55%. Por lo tanto, ni siquiera el jacuzzi o la ducha de lluvia pueden evitar que pierdas dinero. Las bañeras de hidromasaje, especialmente, se consideran uno de los peores y más innecesarios desperdicios de metros cuadrados, por lo que incluso una de ellas en tu baño principal no es una buena inversión si planeas vender tu casa en el futuro próximo.

Para un mayor retorno de la inversión en arreglos relacionados con el baño, reemplaza los azulejos. Es simple, bastante aburrido, y no te hará ganar ningún reconocimiento de diseño, pero es algo que los compradores potenciales apreciarán.

Hacer un dormitorio principal gigante.

. . .

Uno de los mayores mitos es que todos quieren un dormitorio principal gigante. A más gente le preocupa tener más dormitorios, aunque no tengan actualmente la familia para usarlos. Muchos compradores piensan en el futuro mientras compran una casa, y el espacio para los futuros miembros de la familia se planifica mucho en esto.

Lo mismo ocurre con la eliminación del espacio del armario para ampliar el baño principal, todo el mundo necesita espacio en el armario - pero no todo el mundo necesita un baño enorme. Es cuestión de hacer que tu casa sea atractiva para el mercado más grande posible.

Mejoras invisibles

La vida pacífica puede necesitar un nuevo sistema de plomería y una unidad de HVAC (Calefacción, Ventilación y Aire Acondicionado), pero la compra de una casa sigue siendo una experiencia visual. Los compradores potenciales van a estar mucho más entusiasmados por una cocina limpia con encimeras brillantes (aunque tengan 15 años) que por una declaración general de "reemplazamos el cableado el año pasado". Los clientes a menudo esperan que las cosas entre bastidores como el cableado y la plomería funcionen bien, y no están dispuestos a pagar una prima solo porque lo hiciste recientemente.

Las mejoras visibles y cosméticas son lo que hace que los compradores se encariñen emocionalmente con una propiedad, y el apego emocional es la razón por la que la gente paga en exceso por las cosas. Después de todo, ¿cuándo fue la última vez que alguien se "enamoró" del cableado nuevo?

Remodelación de la oficina de tu casa

A pesar del aumento del trabajo desde casa, y de los empresarios de escritorio - no todo el mundo quiere un espacio de oficina dedicado en su casa. A pesar de que los metros cuadrados importan más que nada, una gran oficina en casa se considera un desperdicio. Así que antes de ir a derribar cualquier pared, ten en cuenta que el espacio podría ser mucho mejor utilizado añadiendo otro dormitorio.

Un generador externo

. . .

A menos que vivas en un estado en el que los cortes de energía sean frecuentes, muchos compradores ven esto como un despilfarro, especialmente los ahorrativos que están constantemente preocupados por sus facturas de servicios públicos. Mientras que tú puedes ver una útil solución de respaldo, otros ven costos adicionales de mantenimiento para algo que puede que ni siquiera se use una vez al año.

Tratando de crecer más allá de tu área

Afrontémoslo, nadie quiere una casa de 400.000 dólares en una calle rodeada de casas de 250.000 dólares. Para uno de ellos llama la atención extra y podría ser un riesgo de seguridad. En segundo lugar, los compradores juzgan la calidad del vecindario tanto como la calidad de la casa. No construyas una extensión enorme, tu dinero es mejor que lo gastes en otra parte.

Esto también es aplicable a la norma general de amueblamiento de tu casa. Piensen en el punto de coherencia que se hizo antes en el libro. Si tienes una cocina de primera línea, recién renovada de 50.000 dólares, pero un baño que parece estar atascado en un túnel del tiempo de 1972 - esto desanima a los compradores potenciales. Puedes ver una hermosa cocina, pero ellos pueden ver un proyecto de renovación de baño de 20.000 dólares, que no tienen ni el tiempo ni el dinero para preocuparse. Si tienes un gran montón de dinero quemando un agujero en tu bolsillo y has decidido hacer grandes renovaciones, es mejor repartir el dinero de manera uniforme que centrarse en hacer que una habitación destaque por encima de las demás.

Como guía general, el valor de tu casa no debe ser más de un 20% más alto que el resto de tu vecindario, cualquier cosa más que esto puede tener un efecto adverso.

ES HORA DE VENDER

Ya has hecho el trabajo duro, ahora es el momento de cosechar tus recompensas con la venta. Echa un vistazo a estos consejos prácticos para ponerte en el camino correcto.

Consigue el agente adecuado

. . .

Con mucha frecuencia, las personas buscan un agente por recomendación de un amigo o familiar. Sin embargo, los agentes a menudo se especializan en ciertos rangos de precios o en ciertas áreas. Si tu agente hizo un gran trabajo en el apartamento de 2 dormitorios de tu cuñada, puede que no sea la mejor opción para tu casa de campo de 5 dormitorios remodelada.

Visita las casas abiertas en tu área y tu rango de precios proyectado, conoce al agente y ve si él o ella es alguien con quien te gustaría trabajar. Las casas abiertas son una oportunidad tanto para los agentes de conseguir nuevos clientes como para vender una casa. Es vital encontrar el agente adecuado y, con demasiada frecuencia, el dinero lo dejan sobre la mesa aquellos que se conforman con el primer agente con el que se encuentran.

La importancia del tiempo

La sincronización de tu venta puede llevar a menudo a un aumento de hasta un 20% en el valor total. Así que si las casas de tu zona no se venden por el precio que tenías en mente, ¿vale la pena esperar unos meses o incluso hasta 2 años para conseguir la cifra que quieres? Otro factor a tener en cuenta es la época del año en la que deberías poner tu casa en la lista. La sabiduría convencional siempre ha dicho que la primavera y el verano es la mejor época para vender, pero eso no siempre es cierto. Como todo el mundo lo sabe, hay mucha más competencia durante estos meses, y por lo tanto puede ser más difícil para ti alcanzar tu objetivo de precio de venta.

Mirando los números, las casas listadas en invierno (entre el 21 de diciembre y el 21 de marzo) tienen más probabilidades de venderse en 6 meses, pasar 6 días menos en el mercado y obtener un precio de venta final que es un 1,2% más alto que el equivalente a una casa listada en cualquier otra temporada.

El razonamiento para esto es que los compradores serios de casas seguirán buscando durante los meses de invierno, y serán estos los que más probablemente te hagan la oferta que quieres en tu casa.

COSAS QUE DEBERÍAS MENCIONAR
EN TU ANUNCIO

$\backsim$

*C*osas que deberías mencionar en tu anuncio

Puede que no pienses en nada de esto al determinar el valor de tu casa, pero sí lo hacen. Si alguno de ellos marca las casillas de tu zona, debes mencionarlos para atraer a los compradores del nicho

Proximidad a lugares deportivos

¿Vives a 15 minutos en coche del estadio MetLife o solo en la carretera del American Airlines Arena? Anota esto en tu anuncio. Los poseedores de boletos de temporada se volverán locos por un lugar como este. Una de las cosas más molestas de ir a un juego deportivo es el largo camino que hay que recorrer para llegar allí, así que si puedes demostrar que el largo camino ya no existe, o mejor aún si tienes acceso al transporte público, entonces tienes un ganador.

¿Y los que no son fanáticos de los deportes? No les importará, pero no tendrá un efecto negativo en ellos.

Proximidad a Starbucks

¿Hay un Starbucks al final de la calle? A la gente le encanta la idea (aunque nunca vayan una vez que se mudan) de poder sentarse afuera con amigos y familiares y disfrutar de una taza de su mezcla de cafeína favorita. Starbucks también tiene la connotación de que la zona es próspera o "prometedora". Así que si tienes uno cerca, especialmente a poca distancia, no dudes en avisar a los compradores o a tu agente inmobiliario.

Bases militares

. . .

Las casas cercanas a una base del ejército cuestan hasta 50.000 dólares más que el precio medio nacional de una casa, y las que están cerca de las bases de la Marina, los Marines y la Guardia Costera pueden costar hasta 90.000 dólares más. Los miembros del ejército a menudo no pueden darse el lujo de poder comprar cuando se les asigna una nueva base, y como tal probablemente paguen más por una casa en un lugar conveniente que otros compradores.

Marihuana

Independientemente de tus opiniones personales, la industria de la marihuana es una de las de más rápido crecimiento en todo el país. Si vives en un estado recreativo, que es Alaska, Colorado, Maine, Massachusetts, Nevada, Oregon y Washington, (además de California a partir de enero de 2018) para los que llevan la cuenta - entonces el precio de tu casa podría verse considerablemente afectado por la industria. Empresarios, turistas médicos y aquellos que buscan trabajar en la industria están acudiendo en masa a estas áreas.

9 SECRETOS QUE TU AGENTE INMOBILIARIO NO TE DIRÁ

❧

9 Secretos que tu agente inmobiliario no te dirá

- Si recibes una llamada de último minuto para mirar, déjales que lo hagan.

Quizás parezca contrario a la intuición dejar que alguien vea tu hogar no impecable, pero vale la pena. Los espectadores de última hora son impulsivos, pueden echar un vistazo rápido "alrededor de su casa y hacerte una oferta allí mismo".

- Nunca rechaces una oferta de bajo costo

Es más probable que obtengas una respuesta positiva negociando con alguien que ya ha hecho una oferta en tu lugar que con un nuevo prospecto. Tal vez estos prospectos tenían poca información sobre los precios en la zona, o tal vez solo estaban probando suerte (cualquiera que haya hecho cualquier tipo de negociación lo ha hecho al menos una vez en su vida).

- Acudir al agente que te promete el precio de venta más alto, especialmente si es mucho más alto que el de todos los demás.

Siempre hay uno o dos agentes que intentan esto. Es la situación totalmente opuesta a la anterior. Todo lo que hacen con esta táctica es tratar de ganar su negocio. Si sigues con ellos, a pesar de saberlo, tu casa está garantizada para permanecer en el mercado, sin venderse, durante mucho más tiempo.

A medida que este número aumenta, la gente comienza a especular por qué la casa ha estado en el mercado durante tanto tiempo. Debe haber algo malo en ella, y cualquier oferta que llegue será seguramente de bajo costo.

El inversor inmobiliario y entrenador Phil Pustejovsky llama a esto el "beso de la muerte" - en una sola propiedad esto puede costar decenas de miles de dólares, y si eres un inversor a tiempo completo esto puede sumar más de 6 cifras si sigues haciendo malos tratos.

- Puedes negociar comisiones

Si tú y tu comprador están a unos pocos miles de distancia, acércate a tus dos agentes de bienes raíces y mira si ambos reducen sus comisiones para hacer el trato. No funcionará siempre, pero vale la pena intentarlo.

- Pregunta sobre su historia, especialmente su historia reciente

Aunque un agente tenga su licencia desde hace años, solo vale lo que ha hecho últimamente. Por ejemplo, un amigo de la familia con 20 años en el negocio podría no haber vendido una casa en los últimos 3 años. Siempre pregunta a un posible agente sobre sus recientes negocios.

- Los vendedores deben guiar a los compradores a través de su casa para dar un toque personal al proceso.

Por supuesto que no, si estás adherido al lado de un prospecto, lo haces sentir incómodo y como si estuviera invadiendo tu casa, sin ver lo que podría ser su hogar. Probablemente es mejor si no estás allí para ver, y especialmente para una casa abierta.

- Deberías esperar el momento en que recibas una oferta, porque te da más influencia en la negociación.

En las ventas, el retraso es la decadencia. Los cambios de humor ocurren, la gente se enfada con las ofertas. No te beneficias de retrasar la transacción. Si la oferta es demasiado baja, negocia - pero negocia de inmediato.

- Eventualmente alguien ofrecerá el precio que querías

Esto concuerda con el punto número 3. Si seleccionaste un agente que cotiza al precio más alto, y tu propiedad está en el mercado por más de 30, 60 o incluso 90 días - los compradores se darán cuenta de esto. Se cuestionan lo que está mal con la casa, y las únicas ofertas que obtendrás serán las de bajo precio.

- No deberías contratar a un agente con muchos otros clientes porque estarán demasiado ocupados para centrarse en la venta de tu casa.

Hay una razón por la que tienen muchos clientes, es porque son buenos. Por la misma razón los restaurantes populares están siempre ocupados, y los mejores cirujanos estéticos tienen listas de espera de un mes. Estos agentes inmobiliarios tienen asistentes de alta calidad para ayudarles con cosas como la investigación y la programación, solo se centran en obtener los mejores resultados para sus clientes.

Y la 1, ¿es una verdad indiscutible?

Necesitas un agente inmobiliario para conseguir el mejor valor para tu casa

No hay sustituto para la experiencia, y la venta de una casa no es algo en lo que te conviertas en un experto de la noche a la mañana. Claro, te ahorrarás las comisiones, pero ¿de qué sirve eso si vendes a un 10 o 15% por debajo del valor de mercado? Un estudio de la Asociación Nacional de Agentes de Bienes Raíces encontró que la casa promedio de For Sale by Owner (FSBO) se vendió por 185.000 dólares, mientras que el agente de bienes raíces promedio vendió la casa por 245.000 dólares - ¡esa es una diferencia de unos enormes 60.000 dólares!

. . .

Así que aunque saques el promedio del 6% de comisión para el agente, todavía dejas casi 50.000 dólares sobre la mesa si eliges vender tu casa tú mismo. No sé tú, pero para mí esa no es exactamente la decisión financiera más inteligente.

Los vendedores no siempre son los mejores jueces del valor, especialmente si es una casa en la que has vivido mucho tiempo. La mayoría de las veces, terminarás ganando más vendiendo tu casa a través de un agente inmobiliario, incluso después de que su comisión sea retirada.

Gracias a Internet, nunca ha sido más fácil conseguir el mejor agente inmobiliario para tu casa, sitios web como http://www.realtrends.com/ te permiten buscar en tu zona el agente inmobiliario que ha obtenido los mejores resultados para sus clientes en términos de casas vendidas por cantidad de dólares.

❦

CÓMO NEGOCIAR LA VENTA DE TU CASA COMO UN PROFESIONAL

La mayoría de las veces, los compradores que obtienen menos de lo que querían por su casa, lo hacen no porque no hicieron las renovaciones adecuadas, sino porque son malos negociadores. Tomándose el tiempo para aprender algunas técnicas de negociación básicas (pero muy efectivas), se pone en una posición mucho mejor.

- Quitar toda la emoción del trato

Esto puede resultar difícil si se trata de un hogar que ha estado en tu familia durante más de cien años.

Pero adivina qué, cuando llega la hora de la verdad, a tu comprador no le importa. Piensa en esto como una simple transacción comercial, como si estuvieras vendiendo grapadoras o cajas de jugo.

Recuerda esto: Los inversores inmobiliarios exitosos hacen mucho dinero comprando a vendedores emocionales.

- Establece un plan de respaldo

En la industria inmobiliaria, esto se conoce como BATNA (mejor alternativa a un acuerdo negociado). Aquí es cuando decides tu plan si no puedes alcanzar la cantidad deseada. Tal vez sea para mantener la casa durante otro año, o para alquilarla mientras tanto - pero al tener un plan como este significa que es menos probable que aceptes un número que estaba por debajo de tu objetivo.

- Considera realmente tu primera oferta

Tu primera oferta es probable que sea la mejor, así que la primera oferta que recibas es un buen indicador del mercado en general. Esto no significa que tengas que vender a ese precio, pero indica que quieren tu casa, y están dispuestos a hacer lo que sea necesario para conseguirla.

- Contrarrestarla con el precio de lista

Lo que separa a los aficionados de los profesionales en la negociación es la contrapartida. A veces la oferta de un comprador es tan baja que el vendedor contrarresta con una oferta por debajo del precio de lista. Se hace así porque la gente naturalmente quiere parecer amistosa, amigable o dispuesta a comprometerse. Desafortunadamente, todo esto te cuesta a ti, el vendedor, dinero.

Algunos compradores se sorprenderán de esto, y se irán caminando, pero al hacer esto también se evitan las pérdidas de tiempo que solo tratan de buscar una ganga.

- Crea una guerra de ofertas

Las guerras de ofertas son fantásticas, ya que permite a los compradores competir entre sí y subir el precio de venta. La forma más fácil de hacerlo es no recibir ninguna oferta en una jornada de apertura, o antes de una fecha determinada. Por ejemplo, pones tu casa en el mercado y eliges decir a tu agente que no reciba ninguna oferta durante la primera semana. A menudo, puede que solo obtengas una oferta usando esta estrategia, pero la oferta será más alta que si hubieras aceptado todas las ofertas al principio.

Nota: Crear una guerra de ofertas no es lo mismo que fabricar una. No le digas nunca al comprador que hay otra oferta si no la hay, es fácil que lo averigüe y si te llama, habrás perdido una venta, además de que tu reputación se verá afectada.

- No le des al comprador ninguna ventaja

Por ejemplo, si te preguntan por qué vendes, simplemente di que decidiste mudarte a una propiedad más grande. No necesitan saber que estás atrasado en los pagos de la hipoteca, o que te estás mudando al otro lado del país - ambas cosas indican que necesitas hacer la transacción rápidamente y que sería fácil de rebajar.

CONSEJOS PARA COMPRAR UNA CASA - PARA QUE PUEDAS MAXIMIZAR EL BENEFICIO EN EL FUTURO

❧

CONSEJOS PARA COMPRAR UNA CASA - PARA QUE PUEDAS MAXIMIZAR EL BENEFICIO EN EL FUTURO

Ya hemos hablado de la emoción en la compra y venta, y de cómo puede costar un buen negocio. Pero esto ya no es cierto en la compra de una casa. Esto se puede aplicar especialmente a tu primera casa, pero sigue siendo muy relevante para cualquier casa que compres en los primeros 10 años de tu viaje inmobiliario.

¿Por qué los primeros 10 años? Este es el período de tiempo antes de que experimentes los beneficios de invertir a largo plazo con cosas como el interés compuesto. Tu flujo de caja general es menor, y tu margen de error es menor. El principal inversor inmobiliario de Carolina del Sur, Chad Carson, un hombre que comenzó su viaje con solo 1.000 dólares en su bolsillo dice:

"Particularmente, en tus primeros 10 años, si cometes el error de comprar de manera emocional en tu residencia en vez de comprar de manera muy calculada haciendo de tu residencia una house-hack o un live-and-flip, o simplemente alquilar e invertir eso en otro lugar, la magnitud de ese error es enorme dentro de 20 o 30 años.

Es como $700.000, [o] una diferencia de un millón de dólares, para alguien que 20 o 30 años después tomó la decisión de hacer de su primera casa un lindo hogar, un gran vecindario y estar en la mejor escuela secundaria, en lugar de tomar la decisión de tratar su casa como una inversión o simplemente alquilarla. Es una gran, gran diferencia".

Cómo vencer a la competencia al comprar la casa de tus sueños

. . .

Lo más probable es que no seas el único en una buena posición para comprar una casa después de leer este libro. Si encuentras una buena oferta en el mercado, existirá competencia, así que tendrás que colocarte en una posición en la que tu oferta sea la del vendedor. Ahora, evidentemente, quieres hacerlo de una manera que no implique gastar drásticamente más dinero, y de repente convertir un buen negocio en uno malo. Aquí hay varias maneras en las que puede aparecer como el candidato más deseable para cualquier vendedor.

- Asegurarse de que tus finanzas son una fortaleza de estabilidad

Ser pre-aprobado para una hipoteca ya no es suficiente, eso es algo de nivel inicial. En la era de Internet, jamás ha sido tan fácil conseguir una carta de pre-aprobación, y los vendedores se están volviendo muy listos para esto. Si quieres destacar, entonces trabaja con un prestamista hipotecario local fiable o un proveedor local aprobado (ELP) y haz que te den el sello de aprobación

- Demuéstrales que hablas en serio

Si no has oído hablar del dinero en efectivo antes, ahora es el momento de aprender. La fianza es una cantidad que prometes como depósito al comprador para mostrarle tus verdaderas intenciones de comprar la casa. A veces esto será el 1-2% del precio total de compra, pero puede ser más alto si hay competencia. Esto no significa que pagues más por la casa, ya que el dinero se aplicará a tu pago inicial - pero al ofrecer esto por adelantado, te coloca un paso por delante de la competencia.

- Añade un toque personal al proceso

Considera la posibilidad de presentar tu oferta en forma de carta manuscrita. Este viejo truco puede tranquilizar al vendedor y hacer de una transacción comercial un evento menos formal. Todavía necesitarás ser competitivo con tu oferta, pero si depende de ti y de otro comprador, esta pequeña carta puede hacer que las cosas cambien a tu favor.

CÓMO CONSEGUIR LA MAYOR CANTIDAD DE DINERO PARA TU CASA - INCLUSO SI TIENES UNA FECHA LÍMITE PARA VENDER

CÓMO CONSEGUIR LA MAYOR CANTIDAD DE DINERO PARA TU CASA - INCLUSO SI TIENES UNA FECHA LÍMITE PARA VENDER

En un mundo ideal, la comercialización de viviendas sería un proceso libre de estrés y de felicidad, pero no vivimos en un mundo ideal, sino en el mundo real. Las personas consiguen nuevos trabajos y tienen que mudarse a una nueva ciudad, o los padres se enferman y requieren atención las 24 horas del día. Esto acelera el proceso de venta de uno que toma meses a algo que tienes que terminar en semanas. Cualquiera que sea la razón, hay muy pocas situaciones más estresantes que tener que vender una casa rápidamente. Afortunadamente, existen varias maneras de sacar el máximo provecho de su casa en situaciones como esta.

- Lista la casa utilizando una estimación de precios conservadora.

Este no es el momento de apuntar a la luna, listar tu casa en el extremo inferior del espectro de precios es probable que anime a múltiples ofertas.

- Establece una fecha límite para las ofertas

Usa el principio de la escasez para fomentar las ofertas también. La gente siempre quiere lo que no puede tener, por lo que establecer un plazo, incluso si es solo 1 o 2 semanas después de que la casa salga al mercado, permite obtener múltiples ofertas si los compradores piensan que solo tienen una ventana limitada para entrar en el trato.

- No indiques que necesitas vender rápidamente

Siguiendo con el punto 2, aunque hay una fecha límite, no es necesario dar una razón para ello. Puedes tener pánico por dentro, pero tu comprador no necesita saberlo. Es vital que mantengas la cabeza fría durante el proceso de venta, y esto puede ser difícil si estás vendiendo por razones emocionales (por ejemplo, una muerte en la familia)

- Contrata a un stage manager profesional

Si el tiempo apremia, y las renovaciones están fuera de discusión - considera contratar a un profesional de la casa. Un informe de la Asociación Nacional de Agentes Inmobiliarios (NAR) mostró que el 81% de los compradores sintieron que la puesta en escena les ayudó a imaginar la propiedad que estaban viendo como su futura casa. Las casas escenificadas también se venden más rápido que las no escenificadas, y en algunos estados la diferencia es asombrosa. En Oregon por ejemplo, las casas escenificadas se vendieron 7 veces más rápido que las no escenificadas y en California la tasa fue 5 veces más rápida.

Los costes de las etapas varían de un estado a otro, pero la media nacional tiende a rondar los 600 dólares. Tu agente de bienes raíces tendrá contactos para la puesta en escena, así que es mejor usarlos como un recurso si dispones de poco tiempo.

- Deja a un lado la cámara de tu teléfono móvil

La gran mayoría de los compradores ahora investigan en línea antes de ver una casa. Las fotos de mala calidad que no muestran realmente tu casa están garantizadas para que pierdas dinero cuando llegue la hora de la verdad. Así que por muy tentador que sea sacar tu iPhone y empezar a tomar fotos, es mejor dejárselo a un profesional. Ni siquiera tienes que contratar a un profesional para hacerlo, incluso con un amigo con un gran interés en la fotografía y un conocimiento de los ángulos y la iluminación es suficiente. Hasta tomar fotos en el momento adecuado del día con una cámara apropiada es infinitamente mejor que correr por la casa con cualquier vieja cámara de celular.

- Sé flexible en cuanto a los tiempos de visualización

Si tienes serias limitaciones de tiempo, entonces necesitas maximizar el poco tiempo que tienes para exhibir tu propiedad. Aconsejo programar el recorrido a todas horas del día, incluso en horarios tradicionalmente no atractivos como las tardes. Esto implicará mantener tu casa extremadamente limpia en todo momento, en el caso de una visita con poco tiempo de anticipación. Recuerda, cuando tengas compradores mirando a tu alrededor, regálales espacio.

Si tienes mascotas, cualquier rastro de ellas no debe ser aparente en la casa. La parafernalia como los tazones para perros o las cajas de arena para gatos deben ser retirados, y si puedes evitarlo - no des ninguna señal de que las mascotas están en la casa. Esto no se debe a que sus espectadores no sean amantes de los animales, o no tengan mascotas propias, pero ayudará a que imaginen más fácilmente la casa de sus sueños.

- Haz la promoción extra tú mismo

Si tienes limitaciones de tiempo, vas a tener que ser creativo si quieres maximizar tu rendimiento. No dejes el elemento de marketing en manos de tu agente. Entra en los medios sociales, dile a la familia y a los amigos sobre la casa. Nunca se sabe qué amigo de un amigo de un amigo necesita una casa como la tuya. Si eres parte de una asociación de propietarios, envía tu lista a su lista de correo electrónico y puedes hacer que tus vecinos te ayuden a anunciarte.

- Usa un difusor de aceites esenciales para
  dar una gran primera impresión

Si no tienes tiempo de hornear galletas 4 veces al día
(¿y quién lo hace?) para conseguir ese olor a recién
horneado que flota en el hogar, puedes usar un
difusor de aceites esenciales para conseguir el
mismo efecto. Puedes poner uno cerca de la puerta
con un aroma neutro como lavanda o romero para
dar una gran primera impresión cuando un
comprador potencial entra por la puerta. Considera
la posibilidad de colocar algunas flores frescas
también, esta es una poderosa herramienta visual
que pone a los compradores en el estado de ánimo
adecuado tan pronto como entran por tu puerta.

- Usa una gota de vainilla en un horno
  caliente para replicar el olor de las galletas
  recién horneadas

Un viejo truco de agente inmobiliario, si no tienes
tiempo de hornear, ¡haz lo anterior y tu casa olerá a
galletas recién horneadas!

- Evita los programas de ventas
  garantizadas

¿Has visto esos anuncios de los agentes inmobiliarios que dicen "Si no vendes tu casa en 30 días, la compraremos"? Todo lo que esta gente hace es poner tu casa en una lista a un precio que nadie está dispuesto a pagar, y luego te hacen una oferta baja al final del período de 30 días. Causando que tengas una pérdida masiva.

- Lista tu casa un jueves o un viernes

Hacer esto pondrá tu información en la mente de los compradores y agentes cuando planeen sus visitas de fin de semana. Un estudio del sitio web de bienes raíces Redfin encontró que las casas listadas en un viernes se vendían por un promedio de 2.800 dólares más que las casas listadas en un domingo.

EPÍLOGO

*E*ntonces, ahí están, formas baratas, creativas e incluso gratuitas de maximizar el valor de tu casa. Aplicando solo unos pocos de estos a la venta de tu casa puede obtener beneficios netos de 5, 10 o incluso 20% más de lo que habrías recibido sin los mismos.

Ahora, si se suman esos beneficios a los de varias casas, se puede llegar a hablar de cientos de miles de dólares, lo que no está mal ¡por unas pocas capas de pintura, o una decisión inteligente sobre qué día de la semana listar tu casa!

Espero que hayas aprendido mucho con este libro y que puedas usar los consejos en tu propia venta de casas. Vender una casa puede ser estresante, especialmente si es la primera vez que lo haces, pero cuando te armes con todos los consejos que has aprendido en este libro, puedes estar seguro de conseguir el precio de venta más alto posible para ti y tu familia.